초판 4쇄 2022년 12월 6일
초판 1쇄 2014년 6월 15일

글 김은정 | 그림 임성훈

펴낸이 정태선
펴낸곳 파란정원
출판등록 제395-2010-000070호
주소 서울특별시 은평구 가좌로 175, 5층
전화 02-6925-1628 | **팩스** 02-723-1629
제조국 대한민국 | **사용연령** 8세 이상 어린이
홈페이지 www.bluegarden.kr | **전자우편** eatingbooks@naver.com
종이 다올페이퍼 | **인쇄** 조일문화인쇄사

글ⓒ김은정 2014 | 그림ⓒ임성훈 2014
ISBN 978-89-94813-59-2 73810

이 책은 저작권법에 따라 보호받는 저작물이므로 무단 전재와 무단 복제를 금지하며,
이 책 내용의 전부 또는 일부를 이용하려면 반드시 저작권자와 파란정원(자매사 책먹는아이·새를기다리는숲)의 동의를 얻어야 합니다.
*잘못된 책은 구입하신 서점에서 바꿔 드립니다.

또박또박 예쁘게 쓰라고?

학교 시험 100점 비법

글 김은정 | 그림 임성훈

파란정원

차 례

6 건망증 대장 반수정

12 자존심 상해

20 나도 잘할 수 있다고

26 글씨 쓰기가 이렇게 어렵다니

34 도전, 받아쓰기 만점

- 40 무슨 책을 읽을까?
- 50 나만의 비밀 장소를 만들다!
- 56 내 비밀의 장소에서 비켜!
- 66 일기를 일주일에 세 번이나?
- 74 독서왕이 된 반수정!

건망증 대장 반수정

"뭘까? 분명히 뭔가 잊어버린 거 같은데······."

반수정은 암만 생각해도 아무것도 떠오르지 않았어요. 선생님이 어제 분명히 뭔가 가져오라고 한 거 같은데 말이에요.

씩씩대고 있는 반수정 옆으로 나아라가 다가왔어요.
나아라는 유치원 때부터 반수정과 단짝이에요.
반수정의 마음을 누구보다 잘 알아주는 베프지요.

다음 날, 뚜—.

알람으로 맞춰놓은 음악 소리가 방안 가득 퍼졌어요. 반수정은 일어나기 싫어 이불을 머리끝까지 끌어다 덮어썼지요.

반수정은 얼굴에 물만 겨우 묻혔어요. 가방을 미리 안 챙겨 놓은 걸 엄마가 알까 봐 후다닥 가방을 들고 문을 나섰지요. 어제도 준비물을 챙기지 않아서 허풍남에게 놀림을 당했는데, 오늘 또 까먹은 거예요.

엄마는 1학년 때만 해도 이것저것 다 챙겨주었어요. 하지만 2학년이 되자 스스로 해야 한다며 아무것도 챙겨주지 않았지요.

반수정은 학교로 뛰어가면서 알림장을 꺼내서 봤어요.

1. 내일 받아쓰기 봅니다. 2. 독서록 2편 검사합니다.

'아, 맞다. 받아쓰기 시험 본다고 했는데, 독서록도 있네.'

어젯밤에 할 일 없이 빈둥거리며 놀았던 게 그제야 후회됐어요.

자존심 상해

반수정은 퉁퉁 부은 얼굴로 교실 문을 열고 들어갔어요. 나아라가 책 속에 머리를 박고 있다가 반수정을 보고는 활짝 웃었어요.

"수정아!"

하지만 반수정은 웃을 수가 없었어요. 툭 튀어나온 입술로 퉁명스럽게 대답했어요.

"어."

나아라는 고개를 갸웃거렸어요.

"왜 그래? 무슨 일 있어?"

"아니야. 아무 일도 없어."

자리에 앉자마자 남의 속도 모르고 허풍남이 한마디 했어요.

"야, 반수정. 오늘은 뭐 잊은 거 없냐?"

깐죽대는 허풍남의 머리를 향해 반수정의 꿀밤이 날아갈 뻔했어요. 하지만 그러지 않았어요. 반수정은 이제 초등학교 2학년이고, 숙녀거든요. 숙녀가 주먹 따위를 쓸 수는 없었어요. 반수정은 화를 꾹꾹 참으며 톡 쏘아 말했어요.

받아쓰기 시험이 끝난 뒤, 반수정의 자존심은 그대로 무너졌어요.

'50점!! 이건 말도 안 돼. 문제가 너무 어려웠어. 맞아, 다른 애들도 분명히 잘 보지 못했을 거야.'

반수정은 혼자 위로했어요. 하지만 반수정도 알고 있었어요. 알림장을 확인하지 않은 결과라는 걸요.

침울해 있는 반수정 앞으로 나아라가 의자를 끌어다 앉았어요.

"수정아, 너 진짜 받아쓰기 점수 때문에 그래? 다음에 잘 보면 되잖아."

"알아. 알림장만 확인했어도 이런 점수는 안 받았을 텐데."

반수정은 눈앞이 눈물로 흐려졌어요. 문득 나아라가 말했어요.

"알림장? 수정아, 알림장 좀 꺼내 봐."

기분이 별로여서인지, 반수정은 단짝인 나아라까지도 자신을 놀리는 것 같았어요.

"내 알림장을 왜?"

반수정이 퉁명스럽게 쏘아붙였어요.

"줘 봐."

나아라는 자신의 알림장을 꺼내더니 반수정의 알림장과 비교했어요.

"수정아! 번호들을 쭉 이어서 쓰니까 알아보기도 힘들고, 읽기 싫어지잖아. 이럴 때는 번호마다 줄을 바꿔서 쓰면 훨씬 확인하기 쉬워져."

나아라의 알림장과 반수정의 알림장은 그냥 봐도 달랐어요. 반수정은 글씨체도 엉망인 데다 줄줄이 붙여 써서 뭘 준비해야 할지 알아보기가 힘들었어요.

"그리고 여기 '3번씩' 이런 거 빼먹으면 숙제하기 힘들어. 그러니까 빼먹지 않게 조심하고."

"너희 안 가?"

우리 반 짱인 오문장이 다가왔어요. 반수정은 황급히 알림장을 숨겼어요. 엉망인 글씨를 오문장이 볼까 봐 부끄러웠어요.

"갈 거야. 넌 왜 안 갔어?"

나아라가 오문장을 보며 물었어요.

"응, 난 방과 후 수업이 있거든."

오문장은 반수정에게 무슨 말인가 하려다 말고 그대로 가버렸어요.

"수정아, 나 먼저 갈게. 너 집에 가자마자 알림장 꼭 봐. 알았지?"

반수정은 어제 알림장을 확인하지 않은 걸 후회했어요. 그것 때문에 오늘 하루가 속상한 일들로 가득 차 버렸으니까요.

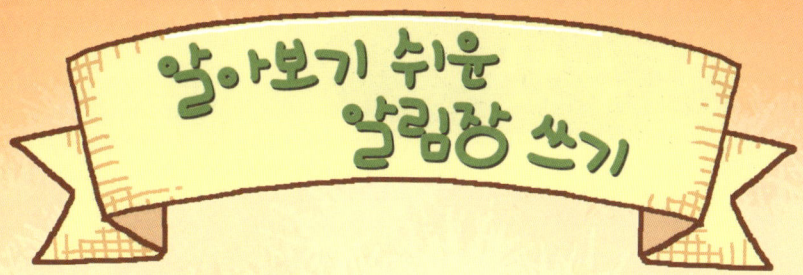

알아보기 쉬운 알림장 쓰기

❶ 칸이 너무 좁지 않은 공책을 선택해요.

칸이 너무 좁으면 글자가 아래 줄로 넘쳐 쓰기가 부담스럽고 어려워요. 넓은 칸을 골라 한눈에 볼 수 있도록 적는 것이 좋아요.

❷ 날짜 순서대로 써요.

꼭 날짜를 적고, 날짜 순서대로 적어요. 앞뒤로 왔다 갔다 적거나 날짜를 빼놓으면, 어디에 적었는지 몰라 찾아보기 힘들어요.

❸ 번호마다 줄을 바꿔 써요.

내용이 짧다고 연달아 쓰다 보면 내용이 뒤죽박죽이 되어서 제대로 알아볼 수 없어요. 그러니 칸이 남더라도 번호마다 줄을 바꿔 쓰는 습관을 들이는 것이 좋아요.

❹ 알림장 확인 후 표시해요.

숙제를 끝내거나 준비물을 가방에 챙긴 후에는 번호에 ○표를 하면, 한 일과 아직 하지 않은 일을 구분할 수 있어요.

나도 잘할 수 있다고

반수정은 집에 들어가자마자 책가방을 집어던져 놓고는 침대에 벌렁 누웠어요. 받아쓰기 시험에서 나아라와 오문장은 100점을 받았어요. 게다가 원수 같은 허풍남도 80점을 받았는데, 천하의 반수정만 50점을 받은 거예요.

나아라나 오문장에게 진 거까지야 그렇다 쳐도 허풍남보다 못 본 건 자존심이 상해 아무것도 하기 싫었어요.

"딸! 오늘 받아쓰기 시험 보지 않았니?"

반수정은 떨리는 손으로 받아쓰기 공책을 엄마에게 주었어요. 반수정은 당장 떨어질 날벼락이 걱정되었어요.

엄마는 받아쓰기 공책을 한참 동안 쳐다만 봤어요. 당장에라도 호통을 칠 줄 알았는데 너무 조용하니 오히려 이상했어요.

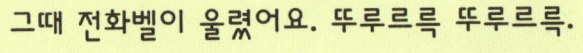

"까먹고 공부를 안 해서 그런 거지, 나도 100점 받을 수 있다고?"

"그러셔? 그럼 보여줘 봐. 100점짜리 시험지."

가뜩이나 속이 상해 있던 반수정은 엄마까지 편이 되어주지 않자 더는 참지 못하고 울음을 터뜨렸어요.

"으-아-앙. 흑흑. 헉헉. 으악."

갑자기 바닥에 드러누워 울고 있는 반수정을 엄마는 어이없는 표정으로 쳐다봤어요.

"반수정, 지금 뭐하는 거야?"

반수정은 엄마가 묻자 더 크게 울었어요.

"으-아-앙. 흑흑. 헝헝. 으악."

엄마는 그런 반수정을 가만히 내려다보더니 한마디 했어요.

"너 계속 울면 저녁밥 없다."

반수정은 그 한마디에 울음이 쑥 들어갔어요. 조용히 일어나 아무것도 묻지 않은 옷을 툭툭 털고는 방으로 들어갔지요.

1. 받아쓰기 점수 사인 받아오기.
2. 받아쓰기 틀린 것 써오기.
3. 방과 후 내일까지 하기.

방으로 들어온 반수정은 알림장을 펼쳤어요. 오늘은 잊지 않고 꼭 숙제해야 하니까요. 한참을 걸려 억지로 틀린 문제를 한 번 썼어요.

"아이참, 몇 번을 써야 하는 거야?"

반수정은 겨우겨우 한 번을 더 쓰고는 공책을 덮었어요.

"아까 아라가 얘기했었는데, 그래 두 번일 거야."

그렇게 자신에게 말하고는 다시 침대 위에 벌렁 누웠어요.

반수정은 아무리 생각해도 자존심을 회복할 방법이 떠오르지 않았어요. 더구나 엄마에게까지 큰소리를 땅땅 쳤지만, 공부한다고 해서 딱히 100점을 맞을 자신도 없었어요.

아휴, 힘들어.

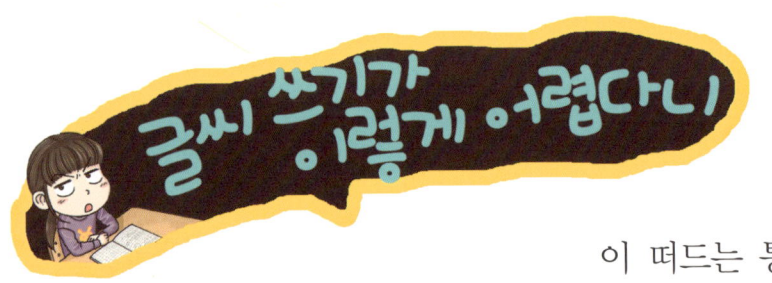
글씨 쓰기가 이렇게 어렵다니

교실은 아침부터 아이들이 떠드는 통에 정신이 하나도 없었어요. 그런데 웬일로 반수정이 자리에 앉아 끙끙대고 있는 거예요. 허풍남이 반수정을 툭 치며 물었어요.

"웬일이냐? 네가 자리에 앉아 있고."

반수정은 아무 대답도 하지 않았어요.

"야! 반수정. 사람이 말을 하면 대답을 해야 하는 거 아냐!"

그제야 반수정은 흰자가 더 많이 보이는 눈을 들어 말했어요.

"난 사람한테만 말해. 그러니까 나 좀 그냥 둬라!"

허풍남은 그런 반수정의 머리 위에서 주먹을 휘두르더니 교실 밖으로 나가 버렸어요.

나아라는 반수정이 써 놓은 경필 쓰기를 보고는 깜짝 놀랐어요. 제대로 칸 안에 들어가 있는 글자가 하나도 없었지요.

반수정은 처음 듣는 소리처럼 나아라를 쳐다봤어요. 나아라는 제자리로 가더니 경필 쓰기 공책과 받아쓰기 급수표를 가지고 왔어요.

"여기 봐."

나아라의 경필 쓰기 공책은 정말 깔끔했어요.

"이야, 어떻게 이렇게 쓰냐? 정말 잘 썼다."

반수정은 감탄했어요.

"아니 그거 말고, 내용을 보라고?"

반수정은 그제야 경필 쓰기와 받아쓰기 내용이 같다는 걸 알았어요.

"뭐야? 똑같잖아? 난 왜 이러냐. 근데, 아라야. 너 글씨 진짜 잘 쓴다."

그렇게 말하며 반수정은 머리를 긁적였어요.

"너도 조금만 연습하면 돼. 처음에는 베껴 쓰기부터 해 봐."

"베껴 쓰라고? 어떻게?"

반수정은 경필 쓰기가 정말 힘들었어요. 제대로 연필 잡기도 힘든데, 글씨까지 예쁘게 쓰려니 손가락에 쥐가 날 거 같았지요.

나아라는 반수정의 공책을 가져가더니 얇게 비치는 종이를 공책 위에 붙였어요.

"이 위에 그대로 베끼는 것부터 해 봐. 익숙해지면 쉬워져."

"아, 그림 따라 그리기랑 똑같은 거네?"

반수정은 엄마한테 정말 섭섭했어요. 알아서 하라고 맡겨 두는 엄마라 시험점수가 아무리 낮아도 뭐라 하지 않을 때는 좋았는데, 오늘은 좀 챙겨주길 바랐기 때문이에요.

손가락이 아파도 꾹 참고 몇 번을 쓰다 보니 이젠 유산지가 없어도 제법 예쁜 글씨 티가 나기 시작했어요. 게다가 경필 쓰기 공책을 꽉 채우자 내일 받아쓰기에도 자신감이 붙었지요.
"허풍남, 두고 봐라. 네가 누나라고 부르게 될걸!"

연필을 바르게 잡아야 글씨가 예뻐져요

글씨체는 마음의 거울이라고 해요. 깔끔하고 예쁜 글씨를 쓰는 사람을 보면 없던 호감이 생기기도 하지요. 나이가 많다고 꼭 글씨를 잘 쓰는 건 아니에요. 어른이어도 초등학생보다 글씨체가 못한 경우도 있어요. 그래서 어릴 때 글씨체를 바로 잡는 것이 좋아요. 글씨를 예쁘게 쓰려면 가장 먼저 연필을 바르게 잡는 것부터 시작해야 해요.

❶ 엄지와 검지를 붙여 둥근 모양을 만든다.

❷ 연필은 2~3cm 위에서 작은 공을 쥔 듯 자연스럽게 잡고, 중지로 받친다.

❸ 새끼손가락 밑 부분이 공책에 모두 닿도록 하여 글씨를 쓴다.

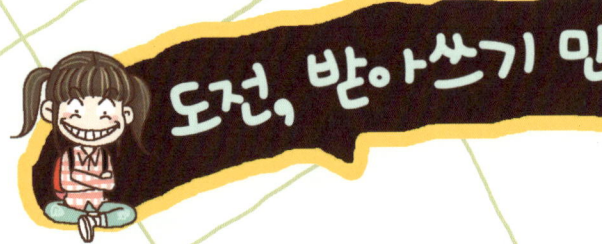

도전, 받아쓰기 만점

조용한 교실에 선생님 목소리만 들렸어요.
"자, 마지막은 누렁이 세 마리."
선생님이 부르자마자 반수정은 빠르게 받아썼어요.
반수정은 공책을 내고나자 입에서 긴 한숨이 절로 나왔어요.
"휴-우."
큰소리는 땅땅 쳤지만, 혹시라도 100점을 받지 못할까 봐 속으로 조마조마 했지요.
애들은 다들 쉽게 100점을 받는데, 반수정은 아직 한 번도 100점을 받아본 적이 없었어요. 그동안은 공부를 하지 않아서 담담했는데, 공부하고 시험을 본 오늘은 정말 떨렸어요.

수업이 끝나고 집으로 가는 길에서도 반수정은 허풍남 뒤를 졸졸 따라가며 놀렸어요.

"집에 혼자 갈 수 있어? 누나가 데려다 줄까? 풍남아, 누나랑 같이 가자니까."

그런 반수정에게 나아라가 살짝 눈을 흘겼어요.

"수정아, 그만 해. 너무 놀리면 풍남이가 불쌍하잖아."

"뭐! 이 정도로……. 허풍남이 나를 얼마나 무시했는지 네가 더 잘 알잖아."

조용히 걷던 허풍남이 갑자기 뒤를 돌아보며 외쳤어요.

"야! 반수정. 내가 미쳤냐? 너한테 누나라고 하게."

그러더니 냅다 뛰기 시작했어요. 반수정은 화가 머리끝까지 났어요.

"야! 너 거기 안 서!"

한참을 따라가던 반수정은 숨이 찼는지 그 자리에 멈춰서는 씩씩거렸어요.

"아휴, 허풍남. 내일 두고 보자."

뒤늦게 도착한 나아라도 숨을 헐떡이며 말했어요.

"수정아, 그만 싸워. 100점 맞아서 기분도 좋은데."

나아라의 100점 얘기에 반수정의 입이 헤벌쩍 벌어졌어요.

"맞아, 나 100점 받았지! 엄마한테 자랑해야겠다. 아라야, 나 먼저 간다."

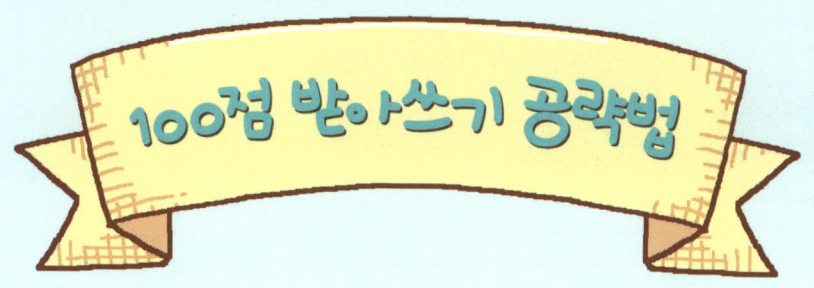

100점 받아쓰기 공략법

받아쓰기를 잘 보려면 문장을 잘 이해해야 해요. 단어의 뜻이 무엇인지 알고, 어떤 경우에 어떤 문장부호가 쓰이는지도 꼼꼼히 공부해두면 받아쓰기를 잘 볼 수 있어요.

❶ **교과서를 큰 소리로 띄어쓰기에 맞춰 읽어요.**

속으로 읽다 보면 띄어쓰기가 제대로 되는지 알 수 없어요. 큰 소리로 띄어쓰기에 맞춰 읽다 보면 자연스럽게 공부가 된답니다.

❷ **헷갈리는 단어는 뜻을 꼭 확인해요.**

국어는 발음은 같지만 쓰기는 다른 단어가 많아요. 또 받침이 있는지, 소리 나는 대로 쓰는지도 알아야 해요. 그래서 처음 단어를 접할 때 그 뜻을 꼭 찾아보는 습관을 들이는 것이 중요해요.

❸ **짧은 내용의 동화책을 공책에 베껴 써요.**

동화책을 그대로 베껴 쓰다 보면 띄어쓰기와 문장부호 등의 쓰임을 자연스럽게 익힐 수 있어요.

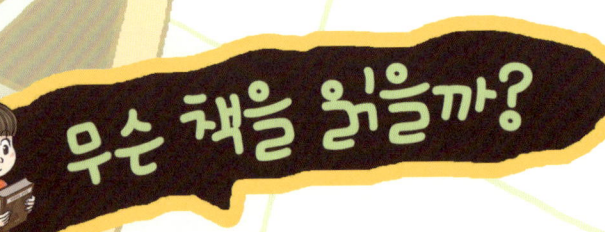

무슨 책을 읽을까?

받아쓰기를 100점 받고 나니 살짝 욕심이 생겼어요. 한 번이 아니라 쭉 100점을 받고 싶어진 거예요.

"책을 많이 읽고, 좋아하는 동화를 하나씩 베껴 써 봐."

예전에 나아라가 해준 말이 기억났어요. 그때는 그냥 듣고 넘겼는데, 다시 생각해보니 좋은 방법 같았어요.

반수정이 학교에서 웬만하면 가지 않는 곳이 두 군데 있었어요. 그중 하나는 보건실이고 나머지 하나는 바로 도서관이에요. 그런데 오늘 반수정은 도서관으로 향했어요.

정말 많네…

"도대체 무슨 책이 이리도 많은 거야!"
아무리 노력해도 도서관이랑은 정말 친해지기가 어려웠어요. 수업시간에 가거나 나아라를 찾으러 갈 때를 빼놓고는 절대 가지 않는 곳이었죠. 당최 무슨 재미로 책을 읽는지 이해가 가지 않았기 때문이에요.
그런 반수정이 오늘 제 발로 책을 보러 도서관을 찾은 건 정말 기적보다 놀라운 일이에요.

도서관은 조용했어요. 책을 빌려본 적이 없는 반수정은 어떻게 할지 몰라 주변을 쓱 둘러봤어요. 그러다 깜짝 놀랐어요. 조용히 책상 앞에 앉아 책을 읽는 아이들 사이로 익숙한 얼굴이 보였기 때문이에요. 다른 누구도 아닌 허풍남이었어요.

'뭐야, 설마 이 반수정이 오는 줄 알고 괴롭히러 온 거야?'

반수정은 허풍남을 보자 다시 돌아나가고 싶었어요. 그런데 허풍남은 책을 읽느라 옆에 누가 오는지조차 알지 못하고 있었어요. 그동안 반수정이 한 번도 보지 못했던 허풍남의 모습이었지요. 불쑥 허풍남이 읽는 책이 무엇인지 궁금해졌어요.

그때 오문장이 도서관으로 들어오는 게 보였어요.

어, 오문장! 네가 여기 웬일이야?

나야 매일 오지. 그러는 반수정 너야말로 웬일이야?

이제 오는 거야? 늦었네.

응. 학원이 늦게 끝났어.

너희 둘 친해?

몰랐어? 나랑 풍남이랑 유치원 때부터 단짝인 거.

전혀 안 어울려!!

오문장은 잠깐 생각하더니 반수정에게 따라오라고 했어요.

"내가 책을 골라 주는 건 어렵고, 책을 어떻게 골라야 하는지를 알려 줄게."

오문장의 말을 듣고 보니 그것도 나쁘지 않았어요. 반수정은 워낙 도서관 이용을 안 한 터라 어떻게 이용하는지조차 잘 모르거든요. 허풍남이 오문장의 뒤를 따라가는 반수정의 뒤에 대고 한마디 했어요.

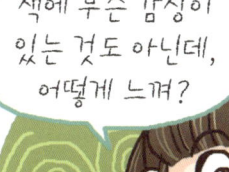

반수정은 오문장의 말을 듣고 이리저리 훑어보며 서가를 돌아다녔어요. 그러다 이왕이면 멋지게 보이고 싶어 두꺼운 책을 꺼내 들었지요.

"이거 어때?"

반수정이 꺼내 든 건 〈아라비안나이트〉였어요. 그냥 보기에도 꽤 두툼해 보이는 책을 고른 반수정을 보며 오문장이 말했어요.

"너무 두껍지 않아? 다 읽을 수 있겠어? 나도 아직 안 읽었는데……."

반수정은 그제야 책 두께가 너무 두껍다는 걸 알았어요.

"그런가?"

들고 있던 책을 조용히 제자리에 꽂았어요.

"저쪽에 보면 그림책으로도 나와 있을 거야. 천천히 보고 와. 풍남이랑 같이 있을게."

반수정은 자리에 주저앉기도 하고, 깨금발을 서기도 하면서 책을 살폈어요. 제목이 익숙한 책들도 있었어요. 책을 뽑아서 표지도 보고 그림도 살펴봤어요. 그중에서 한 권을 골라 오문장과 허풍남이 있는 곳으로 돌아왔어요.

반수정이 고른 책은 명작을 그림책으로 쉽게 풀어쓴 〈비밀의 화원〉이었어요.

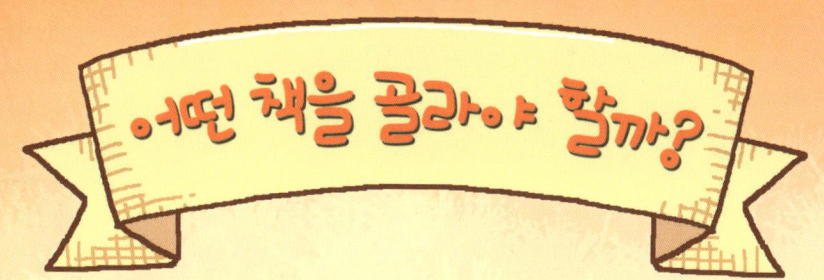

어떤 책을 골라야 할까?

❶ 평소 좋아하는 분야를 찾아요.

도서관은 주제별로 분류되어 있어요. 평소 좋아하는 분야의 책을 찾아보면 같은 분야의 다양한 책을 찾을 수 있어요.

❷ 학년별 권장도서 목록을 확인해요.

학년에 맞는 권장도서를 참고하면 읽어야 할 책이 어떤 것인지 알 수 있어요. 그 가운데 읽고 싶은 책을 골라 먼저 읽다 보면 독서 습관이 자연스럽게 몸에 배게 될 거예요.

❸ 사서 선생님께 물어봐요.

어떤 도서관이라도 사서 선생님이 계세요. 사서 선생님은 책에 관한 전문가이니 궁금한 점을 물어보면 책을 선택하는 데 도움이 될 거예요.

❹ 친구가 재미있게 읽은 책을 추천받아요.

친구는 나와 생각이 비슷하므로 가장 수준에 맞고, 재미있는 책을 권해 줄 수 있어요. 책을 읽고 친구와 이야기하다 보면 친구와도 더욱 친해질 수 있을 거예요.

나만의 비밀 장소를 만들다!

반수정은 〈비밀의 화원〉을 읽으면서 가슴을 졸였어요. 내용이 뭔지 모르지만, 그림이 너무 예쁘고 비밀이라는 글자 때문에 손이 갔던 책이었어요. 하지만 책을 읽을수록 마치 나만의 비밀을 들키지 않았으면 하는 마음이 간절해졌어요.

반수정은 본격적으로 책사냥에 나섰어요. 처음보다는 좀 쉽게 책이 눈에 들어왔어요.

"역사, 철학……. 이런 건 아직 어려운 거 같아."

천천히 서가를 돌던 반수정 눈에 신화 이야기가 들어왔어요. 그 가운데 몇몇은 이름을 들어봤던 터라 한두 권을 뽑아들었어요. 그러고는 비밀 장소로 돌아와 책을 읽기 시작했지요.

반수정은 어느새 매일 비밀 장소를 찾는 게 습관이 되었어요. 단짝인 나아라에게 조차 비밀 장소가 어디인지 알려주지 않았어요. 아니, 나아라는 비밀 장소가 있다는 것조차 아직 몰랐어요.

반수정은 은근히 혼자 책 읽는 것을 즐기고 있었어요. 혼자 책을 읽다 보면 책 속으로 들어가 주인공이 되어 있었어요. 그러다 보니 혼자 큭 큭 대기가 일쑤였지요.

내 비밀의 장소에서 비켜!

햇볕이 따뜻하게 내리쬐는 오후, 반수정은 비밀 장소가 문득 떠올랐어요. 책 한 권을 읽고 독서록 하나 쓰기에 딱 좋은 날씨였거든요.

책 한 권을 골라 비밀 장소로 갔을 때 반수정은 '앗' 소리를 지르고 말았어요. 떡 하니 허풍남이 앉아 있었기 때문이에요.

엄마가 너무 놀라는 모습에 반수정이 오히려 움찔했어요.
엄마는 갑자기 휴대전화를 꺼내 어디론가 전화를 했어요.

똑똑.

"갑자기 웬 노크?"

"호호호. 우리 딸 혹시 책 보고 있으면 방해될까 봐 그러지."

"엄마, 그냥 하던 대로 하세요."

"아니야. 그럴 순 없지. 딸이 바뀌었으니 엄마도 바뀌는 게 당연해."

엄마 손에는 달콤하고 맛있는 케이크가 놓인 쟁반이 들려 있었어요. 생크림 케이크는 반수정이 제일 좋아하는 간식이에요. 너무 좋아하다 보니 살이 찐다고 엄마가 절대 안 주는 간식이지요.

"이야, 생크림 케이크잖아?"
"오늘 엄마가 특별히 쏘는 거야. 맛있게 먹어."
나가다 말고 엄마가 뒤돌아서서 물었어요.
"아, 근데 풍남이가 네 자리에 앉았다는 건 무슨 말이야?"
케이크를 입에 가득 넣고는 우물거리며 대답했어요.
"아, 응. 구거는 내가 마타 노은 장리에 안자 있었따고!"
갑자기 머리에 별이 반짝했어요. 먹던 케이크가 도로 튀어나올 뻔했지요. 눈물이 쑥 나올 만큼 아팠어요.
"도서관에 네 자리가 어디 있어! 난 또 뭐라고."
"아야, 엄마!"

　오문장은 잠깐 자리를 비우더니 금세 〈나, 오늘 독서록 어떻게 써!〉라는 책을 가지고 왔어요.
　"이 책 한 번 읽어 봐. 잘 모를 때는 책이 최고야."
　반수정은 책을 받아들었어요. 오문장이 한마디 덧붙였어요.
　"자신의 느낌을 쓰는 게 가장 좋대. 처음부터 길게 쓰려고 하지 말고, 한 줄 독후감부터 시작해 봐!"
　"한 줄 독후감?"
　"응. 가장 먼저 생각나는 느낌을 한 줄로 쓰는 거야. 사실 느낌 쓰는 게 제일 어렵거든."
　"한 줄 쓰기라……. 그건 그렇게 어렵지 않을 거 같은데."
　"그래. 그럼 난 간다."

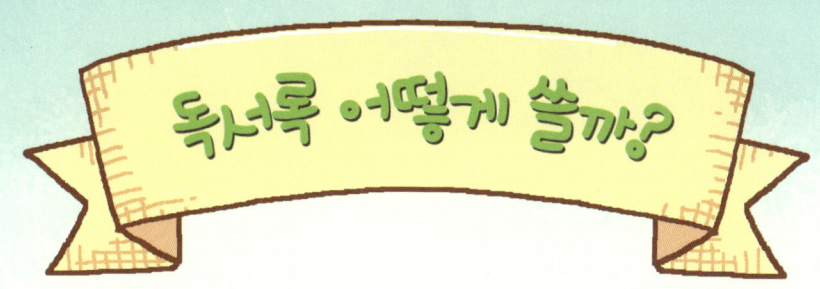

독서록을 쓸 때는 처음부터 길게 잘 쓰려고 하지 않아야 쉽게 지치지 않아요. 자신의 감정을 표현하는 일은 어른들에게도 쉽지 않은 일이에요. 책을 읽고 느낀 점을 한 줄로 표현해 보는 것부터 시작해도 충분하답니다. 하지만 줄거리만 들어가고 자기 생각이 없다면 그것은 좋은 독서록이 될 수 없다는 걸 기억해요.

날짜		책이름	
글쓴이	출판사		쪽수

제목 쓰려고 하는 내용으로 제목 정하기

❶ 읽게 된 동기
❷ 책의 줄거리(나의 행동과 비교해 보거나 감동 받은 장면)
❸ 책을 읽고 난 후의 느낌(본받을 점이나 다짐)

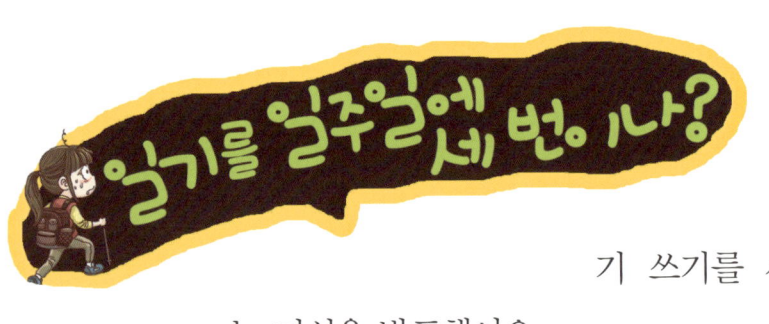
일기를 일주일에 세 번이나?

선생님이 드. 디. 어. 일기 쓰기를 시작한다는 하늘이 무너지는 미션을 발표했어요.

"자, 이제 일기 쓰기를 시작할 거예요. 일주일에 한 번 쓰다가 조금씩 늘려 갈 거예요."

반수정은 눈앞이 막막해졌어요. 이제 겨우 알림장 쓰기를 제대로 하기 시작한 반수정에게 일기는 아직 높은 산처럼 느껴졌어요. 그렇지 않아도 일기를 안 쓴다고 한소리씩 하는 엄마가 알면 그날로 잔소리 대왕으로 돌변할 게 뻔했어요. 기분이 울적해진 반수정은 같이 가자는 나아라도 뒤로 하고 혼자 터덜거리며, 최대한 느린 걸음으로 집을 향해 걸었어요.

오늘은 짝을 바꾸는 날이에요. 왜 선생님은 깔끔하고 얌전한 여자아이와 지저분하고 말썽만 부리는 남자아이를 짝으로 고집하는지 알 수가 없어요. 물론 모든 일에 예외는 있지만요.

"자, 다음은 반수정."

드디어 반수정 차례예요. 선생님은 여자아이 이름과 남자아이 이름을 번갈아 뽑아서 짝을 정했어요.

"수정이 짝은 누굴까? 오문장!"

'이-야호!'

반수정은 오문장이 짝이 된 게 너무 좋았어요. 도대체 어디 하나 흠 잡을 데가 없는 오문장이 짝이라니 남자친구가 된 듯한 느낌이었지요.

"다들 자리 바꿨나요? 그럼 일기장 내도록 하세요."

'일.기.장.'

이 세 마디에 한껏 들떴던 반수정의 가슴이 한순간에 얼어버렸어요. 반수정은 겨우 3줄 쓴 일기장을 보며 혼나지 않을까 걱정되었어요.

6월 9일 월요일

오늘도 아침에 늦게 일어났다.

학교를 지각했다.

또 선생님한테 혼났다.

수정아, 일기는 그날 하루를 뒤돌아보며 정리하는 거란다.

다음번에는 좀 더 자세히 쓸 수 있겠지?

그날 저녁 반수정의 머릿속에는 아침의 기억이 그대로 남아 있었어요. 그 기억을 그대로 쓰다 보니 생각보다 일기가 어렵지 않았어요.

> 6월 19일 목요일 날씨: 구름 가득
>
> 제목: 길고양이
>
> 학교 가는 길에 놀이터에 누워서 자고 있는 고양이를 보았다.
> 아침마다 볼 때는 몰랐는데, 오늘 처음 옆으로 다가가 보니 배가
> 엄청나게 불러 있었다.
> 문창이 말로는 새끼를 배고 있어서 그렇다고 했다.
> 조금 있으면 예쁜 새끼 고양이가 태어난다니 정말 신기하다.
>
> 정말 신기했겠다. 멋진 관찰을 했구나.
>
> 새끼 고양이 선생님이랑 같이 기다려볼까?
>
> 수정아! 느낌이 살아 있는 제목을 붙여보면 어떨까?

반수정은 신이 났어요. 매일 똑같아 보이던 것들이 다르게 보였지요. 이제 반수정은 다소곳하게 걷고, 매일 아침 눈도 크게 뜨고 다녔어요.

매일매일 일기 쓰기

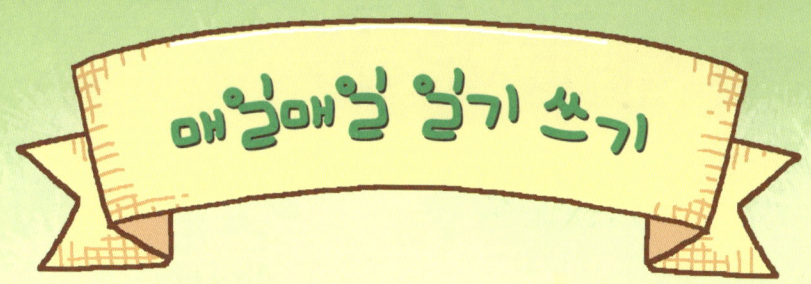

일기의 가장 좋은 점은 바로 나만의 글이라는 거예요. 그러니 누가 더 잘 쓰고, 누가 더 못 썼다는 평가를 할 수 없는 거지요. 하루를 정리하면서 내게 어떤 일이 있었는지, 무엇을 잘했고 잘못했는지, 어떤 감정을 느꼈는지를 쓰는 거예요. 하루하루 나에게 있었던 일을 쓰다 보면 어느새 나만의 이야기책이 만들어져 있을 거예요.

❶ 날짜, 요일, 날씨를 씁니다. 이때 날씨는 자기의 기분에 따라 표현하는 게 좋아요.

❷ 하루 중 가장 기억에 남는 일에 느낌을 담아 제목으로 써요.

❸ 일이 일어난 순서대로 떠오르는 단어를 종이에 적어요.

❹ 단어를 보면서 기억을 떠올리며 자세히 써요.

❺ 자신의 느낌이나 생각을 꼭 함께 담아요.

❻ '나는'이나 '오늘' 같이 반복되는 말은 쓰지 않아요.

독서왕이 된 반수정!

"자, 여러분 주목. 이번 달 독서왕을 발표할게요. 정말 신기하게도 우리 반은 이번 달 독서왕이 2명이에요. 2명이 도서관에서 책을 빌린 숫자가 똑같아요."

아이들은 왁자지껄해졌어요.

"정말, 어떻게 똑같지?"

선생님은 아이들이 조용해지기를 기다렸다가 말을 이었어요.

"반수정, 허풍남. 두 사람에게 박수로 축하해줘요."

아이들 표정은 도저히 믿기지 않는다는 표정이었어요.

'어떻게 다른 사람도 아니고 반수정이 독서왕을 받는다는 말이야?'

모두 믿기 어려워 고개를 갸우뚱거렸지요.

반수정은 배시시 웃었어요.
"반수정, 축하해."
짝꿍인 오문장이 어깨를 툭 치며 축하했어요.
"고마워!"
반수정은 허풍남을 슬쩍 바라보았어요. 허풍남도 반수정을 바라보면서 씩 웃었어요.

"반수정, 맛있게 먹을게! 독서왕 콩다시 축하해!"
허풍남이 쑥스러운 표정으로 말하자, 나아라가 작은 소리로 물었어요.
"수정아, 풍남이랑은 언제 화해한 거야?"
"우리가 싸웠었나? 사실 내가 마음이 넓잖아. 그치, 풍남아?"
반수정이 장난스럽게 말하자 허풍남이 웃으며 대답했어요.
"그래, 넓다 넓어."
허풍남의 말에 반수정과 친구들은 모두 밝게 웃었어요.

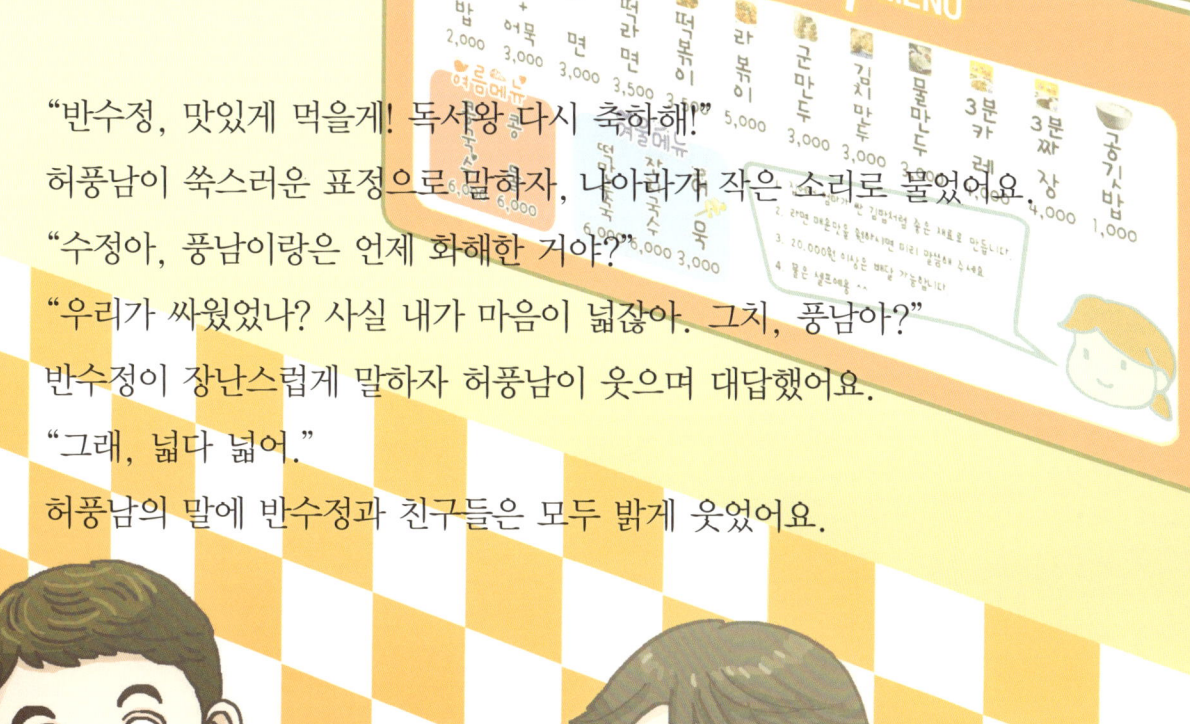